Impressum
Verlag: BABADADA GmbH, Nedderfeld 112 , 22529 Hamburg
Geschäftsführer / Verlagsleitung: Harald Hof
Druck: Books on Demand GmbH, In de Tarpen 42, 22848 Norderstedt

Imprint
Publisher: BABADADA GmbH, Nedderfeld 112 , 22529 Hamburg, Germany
Managing Director / Publishing direction: Harald Hof
Print: Books on Demand GmbH, In de Tarpen 42, 22848 Norderstedt, Germany

AF175854

1

la escuela
škola

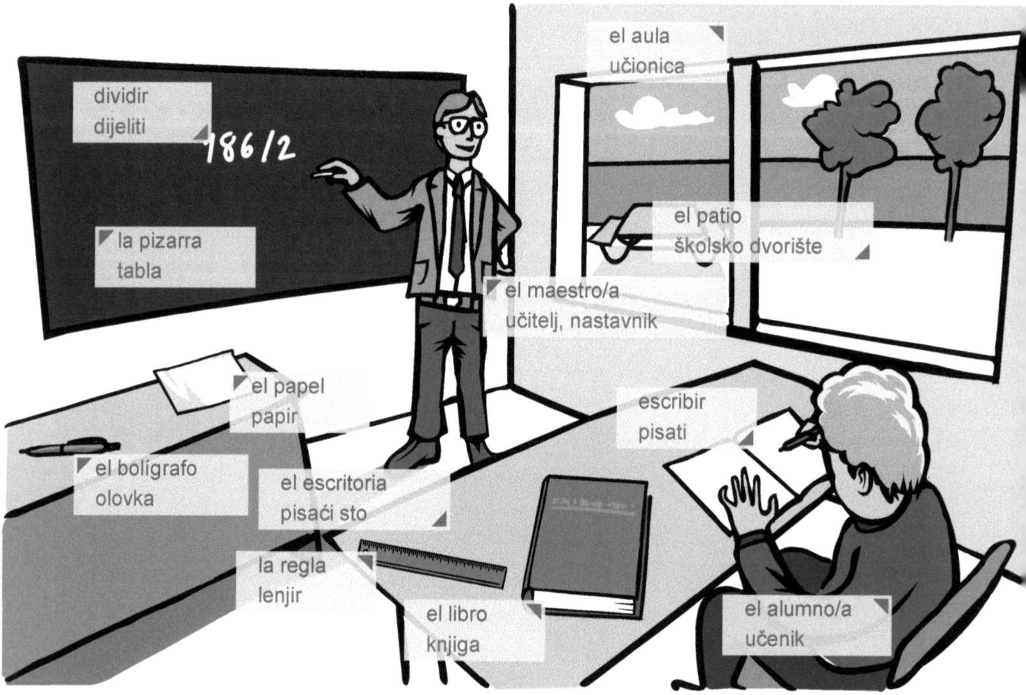

el aula
učionica
dividir
dijeliti
186/2
la pizarra
tabla
el patio
školsko dvorište
el maestro/a
učitelj, nastavnik
el papel
papir
escribir
pisati
el bolígrafo
olovka
el escritoria
pisaći sto
la regla
lenjir
el libro
knjiga
el alumno/a
učenik

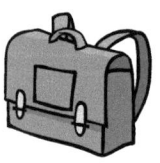

la cartera
torba

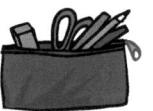

la caja de lápices
pernica

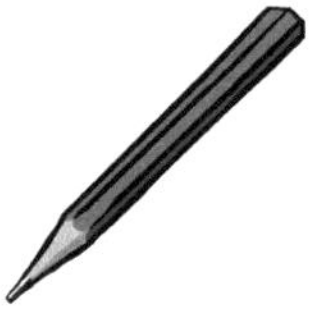

el lápiz
drvena olovka

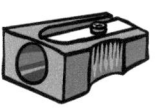

el sacapuntas
šiljalo za olovke

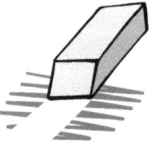

la goma de borrar
gumica

el cuaderno de dibujo
blok za crtanje

el dibujo

crtež

el pincel

kist

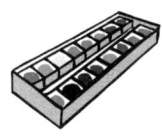

la caja de pinturas

kutija s bojama

las tijeras

makaze

el pegamento

ljepilo

el cuaderno de ejercicios

vježbanka

los deberes

domaća zadaća

el número

broj

sumar

sabirati

restar

oduzimati

multiplicar

množiti

calcular

računati

la letra

slovo

el alfabeto

abeceda

la palabra

riječ

la escuela - škola   3

el texto

tekst

leer

čitati

la tiza

kreda

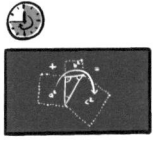

la lección

sat

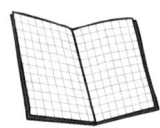

el cuaderno de notas

školski dnevnik

el examen

ispit

el certificado

svjedočanstvo

el uniforme

školska uniforma

la educación

izobrazba

la enciclopedia

leksikon

la universidad

univerzitet

el microscopio

mikroskop

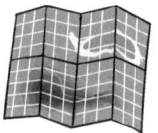

el mapa

karta

la papelera

korpa za papir

el viaje
putovanje

el hotel
hotel
Grand
el albergue
hostel
ROOMS
oficina de cambio de divisas
enjačnica
EXCHANGE
la maleta
kofer
el coche
auto

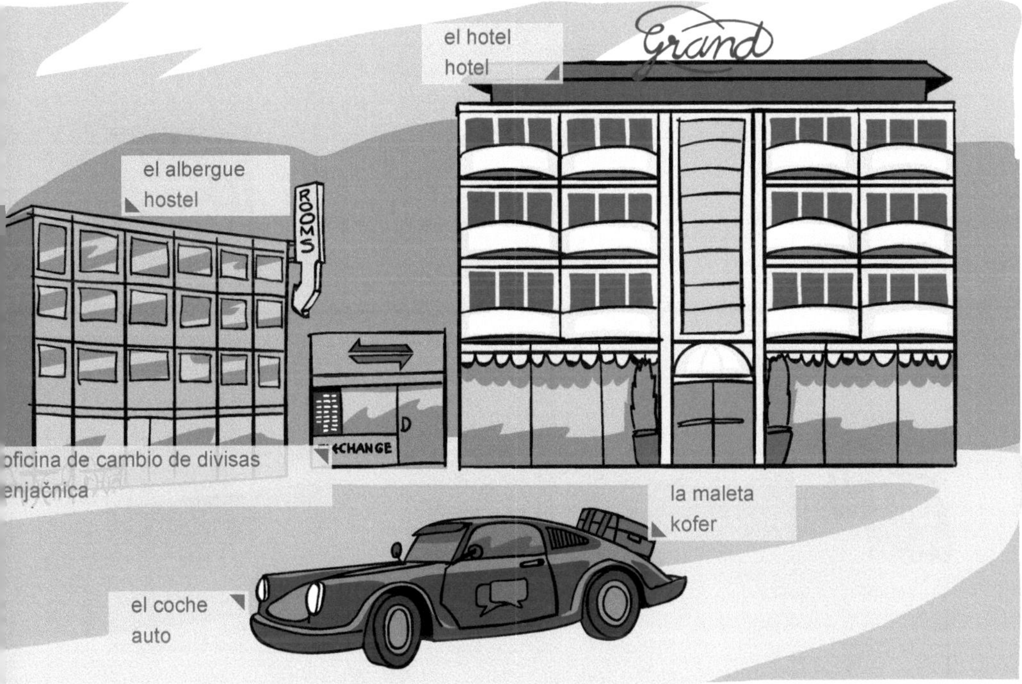

el idioma

jezik

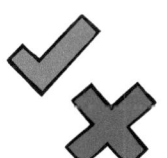

sí / no

da / ne

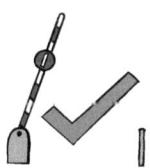

Vale

okej

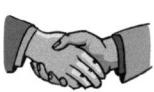

hola

zdravo

el traductor

tumač

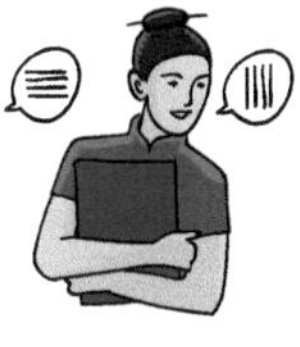

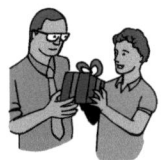

Gracias

hvala

¿cuánto es...?	No entiendo	el problema
Koliko košta...?	Ne razumijem	problem

¡Buenas tardes!	¡Buenos días!	¡Buenas noches!
dobro veče!	Dobro jutro!	Laku noć!
		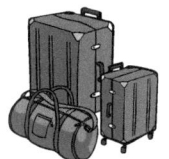
adiós	la dirección	el equipaje
doviđenja	smjer	prtljag

la bolsa	la mochila	el invitado
torba	ruksak	gost

la habitación	el saco de dormir	la tienda de campaña
soba	vreća za spavanje	šator

la información turística

turističke informacije

la playa

plaža

la tarjeta de crédito

kreditna kartica

el desayuno

doručak

el almuerzo

ručak

la cena

večera

el billete

putna karta

el ascensor

lift

el sello

poštanska markica

la frontera

granica

la aduana

carina

la embajada

ambasada

la visa

viza

el pasaporte

pasoš

el viaje - putovanje

7

el transporte
transport

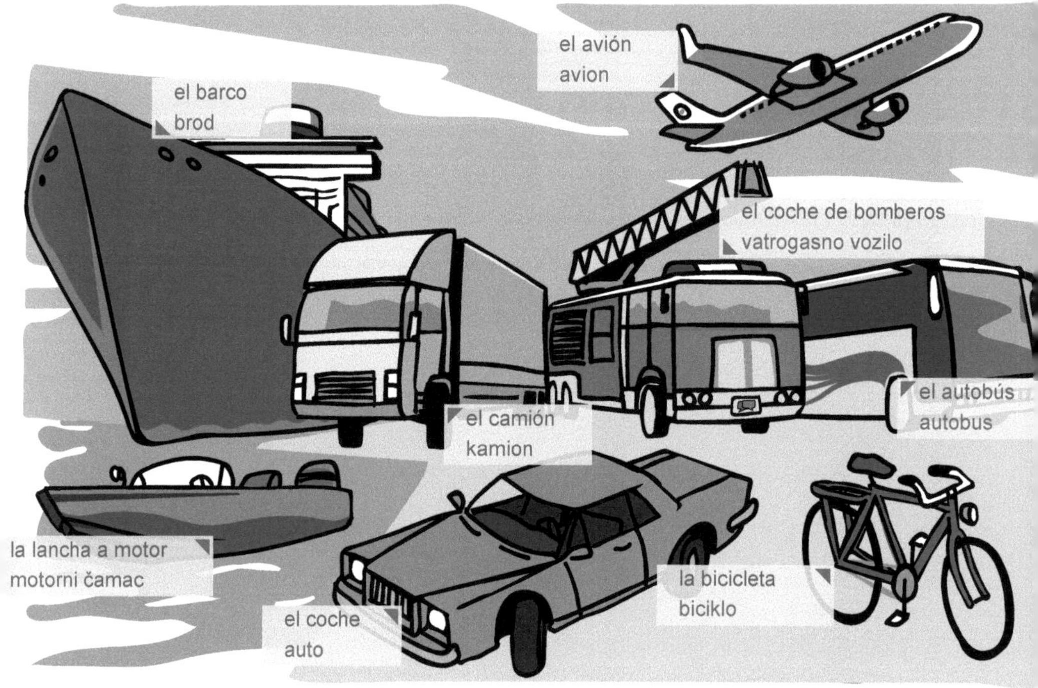

el avión
avion

el barco
brod

el coche de bomberos
vatrogasno vozilo

el autobús
autobus

el camión
kamion

la lancha a motor
motorni čamac

la bicicleta
biciklo

el coche
auto

el transbordador
trajekt

la barca
brod

la moto
motocikl

el coche de policía
policijski automobil

el coche de carreras
trkaći automobil

el coche de alquiler
unajmljeni automobil

el préstamo de vehículos

kar-šering

la grúa

pauk

el camión de la basura

smećarsko vozilo

el motor

motor

la gasolina

gorivo

la gasolinera

benzinska pumpa

la señal de tráfico

saobraćajni znak

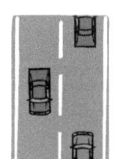

el tráfico

saobraćaj

el atasco

zastoj

el aparcamiento

parking

la estación de tren

željeznička stanica

las vías

šine

el tren

voz

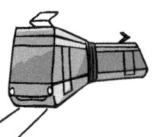

el tranvía

tramvaj

el vagón

vagon

el helicóptero

helikopter

el aeropuerto

aerodrom

la torre

toranj

el pasajero

putnik

el contenedor

kontejner

la caja de cartón

karton

la carretilla

tačke

la cesta

korpa

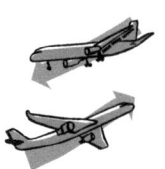

despegar / aterrizar

poletjeti / sletjeti

la ciudad

grad

el pueblo

selo

el centro de la ciudad

centar grada

la casa

kuća

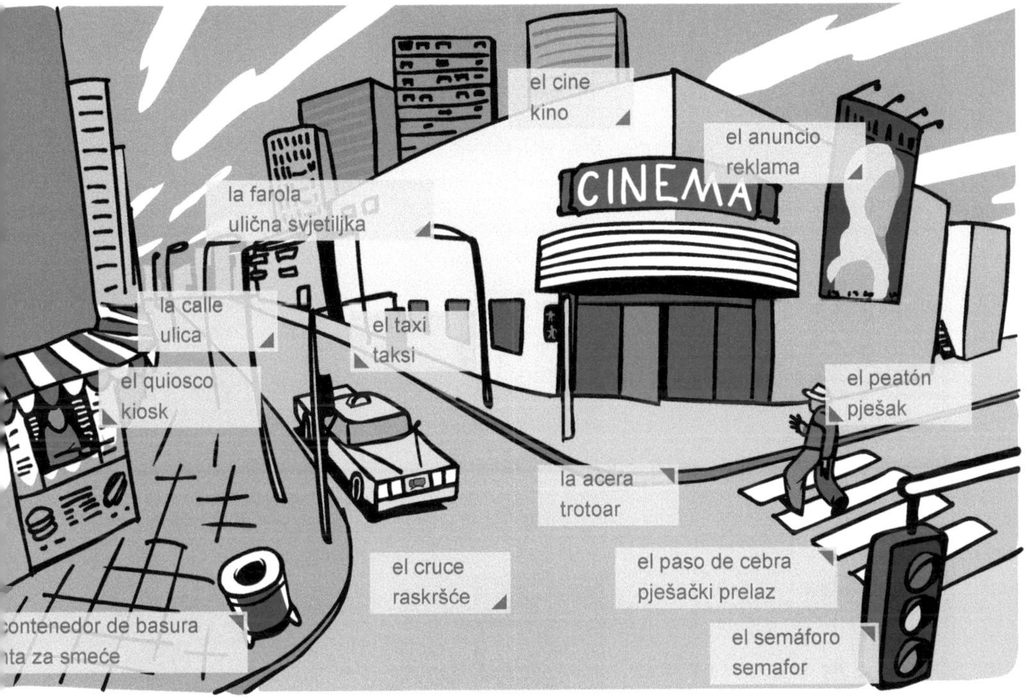

el cine
kino

el anuncio
reklama

la farola
ulična svjetiljka

la calle
ulica

el taxi
taksi

el quiosco
kiosk

el peatón
pješak

la acera
trotoar

el cruce
raskršće

el paso de cebra
pješački prelaz

contenedor de basura
nta za smeće

el semáforo
semafor

la cabaña
koliba

el apartamento
stan

la estación de tren
željeznička stanica

el ayuntamiento
vjećnica

el museo
muzej

la escuela
škola

la ciudad - grad   11

la universidad

univerzitet

el banco

banka

el hospital

bolnica

el hotel

hotel

la farmacia

apoteka

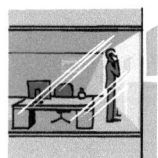

la oficina

ured

la librería

knjižara

la tienda de campaña

radnja

la floristería

cvjećara

el supermercado

supermarket

el mercado

pijaca

los grandes almacenes

robna kuća

la pescadería

prodavač ribe

el centro comercial

trgovački centar

el puerto

luka

el parque

park

el banco

klupa

el puente

most

las escaleras

stepenice

el metro

podzemna željeznica

el túnel

tunel

la parada de autobús

autobuska stanica

el bar

bar

el restaurante

restoran

el buzón

poštanski sandučić

el poste indicador

saobraćajni znak

el parquímetro

sat za naplatu parkinga

el zoo

zoološki vrt

la piscina

bazen

la mezquita

džamija

la granja
seosko imanje

la contaminación
zagađenje okoline

el cementerio
groblje

la iglesia
crkva

el patio de juego
igralište

el templo
hram

el paisaje
krajolik

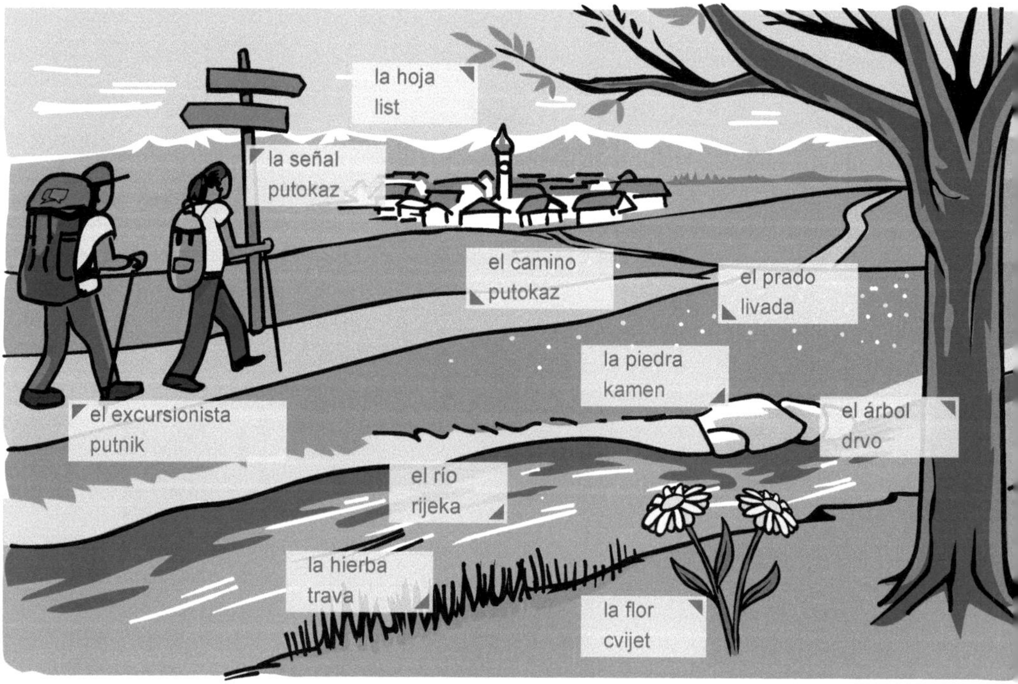

la hoja
list

la señal
putokaz

el camino
putokaz

el prado
livada

la piedra
kamen

el excursionista
putnik

el árbol
drvo

el río
rijeka

la hierba
trava

la flor
cvijet

el valle

dolina

la colina

brdo

el lago

jezero

el bosque

šuma

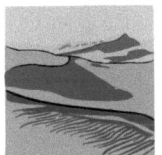

el desierto

pustinja

el volcán

vulkan

el castillo

dvorac

el arcoíris

duga

el champiñón

gljiva

la palmera

palma

el mosquito

komarac

la mosca

muha

la hormiga

mrav

la abeja

pčela

la araña

pauk

el escarabajo

buba

la rana

žaba

la ardilla

vjeverica

el erizo

jež

la liebre

zec

la lechuza

sova

el pájaro

ptica

el cisne

labud

el jabalí

divlja svinja

el ciervo

jelen

el alce

los

la presa

brana

la turbina eólica

vjetrenjača

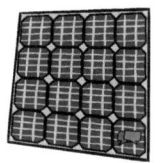

el panel solar

solarni modul

el clima

klima

el restaurante
restoran

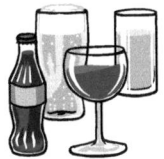

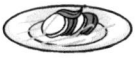

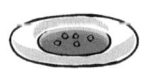

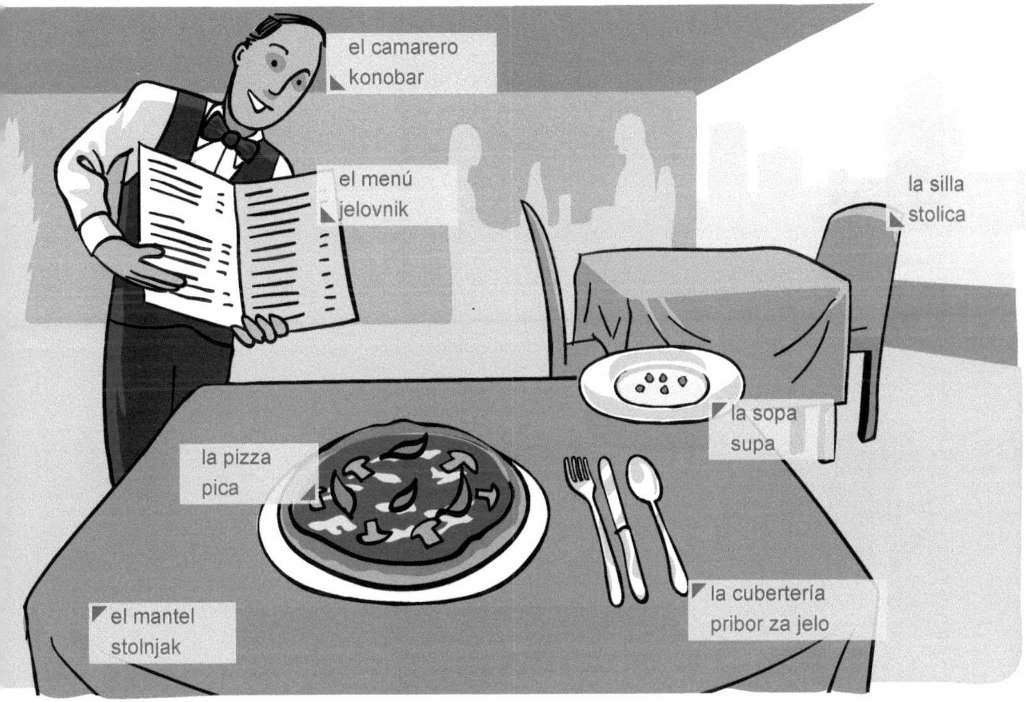
el camarero
konobar
el menú
jelovnik
la silla
stolica
la sopa
supa
la pizza
pica
el mantel
stolnjak
la cubertería
pribor za jelo

el primer plato

predjelo

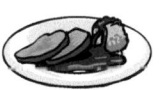

el plato principal

glavno jelo

el postre

desert

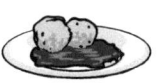

las bebidas

piće

la comida

jelo

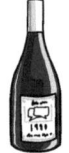

la botella

flaša

la comida rápida

brza hrana

la comida callejera

jelo sa ulice

la tetera

čajnik

el azucarero

šećernica

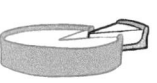

la porción

porcija

la cafetera expreso

mašina za espreso

la trona

barska stolica

la cuenta

račun

la bandeja

tacna

el cuchillo

nož

el tenedor

viljuška

la cuchara

kašika

la cucharilla

kašičica

la servilleta

salveta

el vaso

čaša

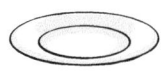

el plato

tanjir

el plato hondo

tanjir za supu

el platillo

tanjurić

la salsa

sos

el salero

solanik

el molinillo de pimienta

mlin za biber

el vinagre

sirće

el aceite

ulje

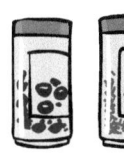

las especias

začini

el ketchup

kečap

la mostaza

senf

la mayonesa

majoneza

el supermercado
supermarket

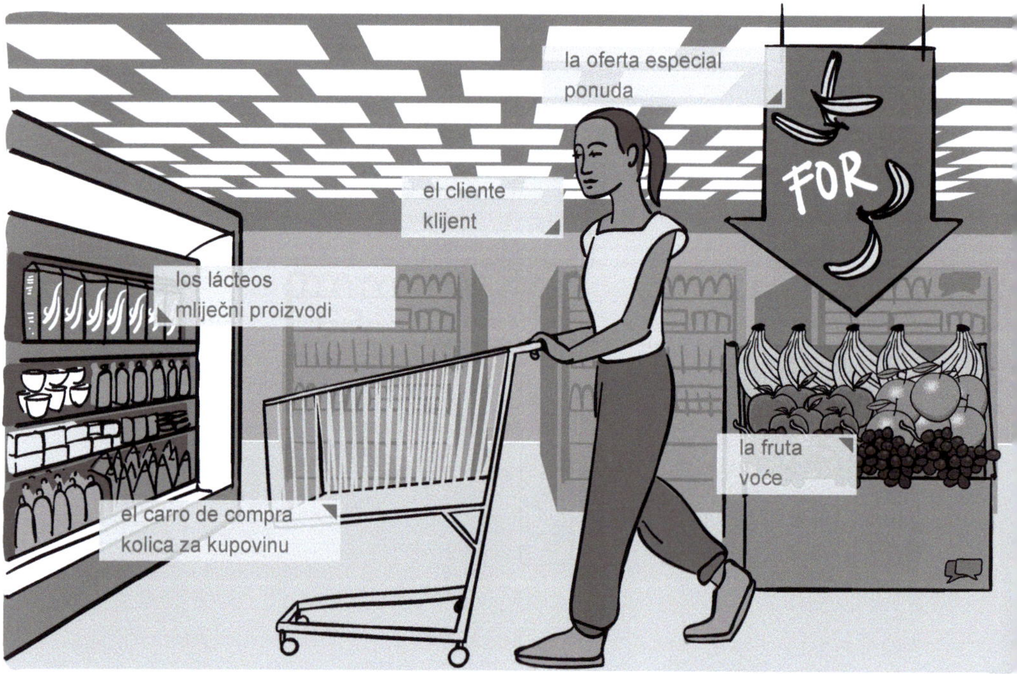

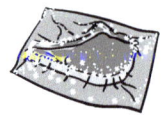

la oferta especial
ponuda

el cliente
klijent

los lácteos
mliječni proizvodi

la fruta
voće

el carro de compra
kolica za kupovinu

la carniceria

mesnica- klaonica

la panadería

pekara

pesar

vagati

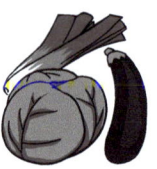

las verduras

povrće

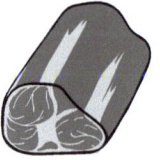

la carne

meso

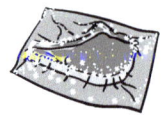

los alimentos congelados

zaleđena hrana

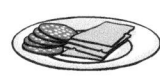

los fiambres

narezak

las conservas

konzerve

el detergente en polvo

prašak za veš

los dulces

slatkiši

productos de uso doméstico

kućanski proizvodi

productos de limpieza

sredstvo za čišćenje

la vendedora

prodavačica

la caja de cartón

kasa

el cajero

blagajnik

la lista de la compra

lista za kupovinu

el horario de atención al público

radno vrijeme

la cartera

novčanik

la tarjeta de crédito

kreditna kartica

la bolsa de plástico

torba

la bolsa de plástico

najlonska vrećica

las bebidas
piće

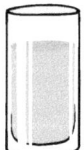
el agua
voda

el zumo
sok

la leche
mlijeko

la cola
kola

el vino
vino

la cerveza
pivo

el alcohol
alkohol

el cacao
kakao

el té
čaj

el café
kafa

el expreso
espreso

el capuchino
kapućino

el plátano

banana

la manzana

jabuka

la naranja

narandža

el melón

lubenica

el limón

limun

la zanahoria

mrkva

el ajo

bijeli luk

el bambú

bambus

la cebolla

crveni luk

el champiñón

gljiva

las avellanas

orašasti plodovi

los fideos

pasta

las espagueti

špagete

el arroz

riža

la ensalada

salata

las patatas fritas

pomfrit

las patatas fritas

pečeni krompir

la pizza

pica

la hamburguesa

hamburger

el sándwich

sendvič

el filete

šnicla

el jamón

šunka

le salami

kobasica

la salchicha

kobasica

el pollo

kokoš

el asado

pečenje

el pescado

riba

los copos de avena

zobene pahuljice

el muesli

muzli

los copos de maíz

kornfleks

la harina

brašno

el cruasán

kroason

el panecillo

zemičke

el pan

kruh

la tostada

tost

las galletas

keksi

la mantequilla

maslac

la cuajada

svježi sir

el pastel

kolač

el huevo

jaje

el huevo frito

jaje na oko

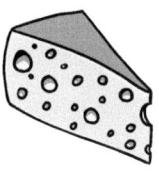

el queso

sir

el helado

sladoled

el azúcar

šećer

la miel

med

la mermelada

marmelada

la crema de turrón

nugat krema

el curry

kuri

la granja
seosko imanje

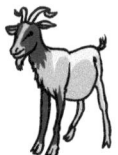

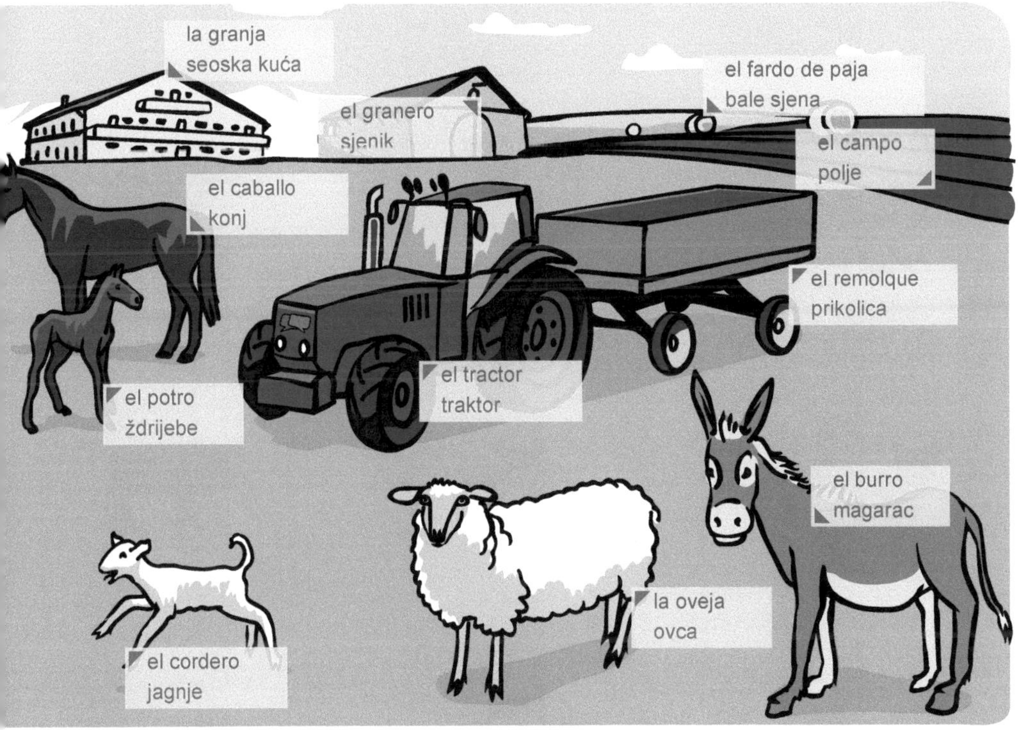
la granja
seoska kuća
el granero
sjenik
el fardo de paja
bale sjena
el campo
polje
el caballo
konj
el remolque
prikolica
el tractor
traktor
el potro
ždrijebe
el burro
magarac
la oveja
ovca
el cordero
jagnje

la cabra
koza

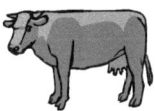

la vaca
krava

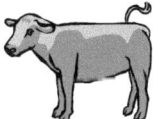

el ternero
tele

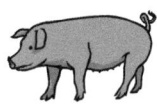

el cerdo
svinja

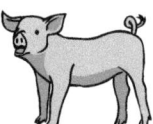

el cerdito
prase

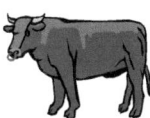

el toro
bik

el ganso

guska

el pato

patka

el pollo

pile

la gallina

kokoška

el gallo

pjetao

la rata

pacov

el gato

mačka

el ratón

miš

el buey

vol

el perro

pas

la perrera

pseća kućica

la manguera

crijevo za baštu

la regadera

kanta za zalijevanje

la guadaña

kosa

el arado

plug

la hoz

srp

la azada

motika

la horca

vile

el hacha

sjekira

la carretilla

tačke

el abrevadero

korito

la lechera

bokal za mlijeko

el saco

vreća

la valla

ograda

el establo

štala

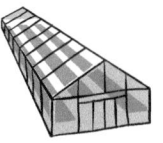

el invernadero

staklenik

el suelo

tlo

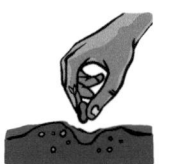

la semilla

sjeme

el fertilizador

đubrivo

la cosechadora

kombajn

cosechar

kositi

la cosecha

žetva

el ñame

jam korijen

el trigo

pšenica

el soja

soja

la patata

krompir

el maíz

kukuruz

la semilla de colza

uljana repica

el árbol frutal

drvo voća

la mandioca

manioka

las cereales

žito

la casa
kuća

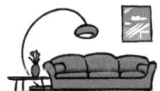

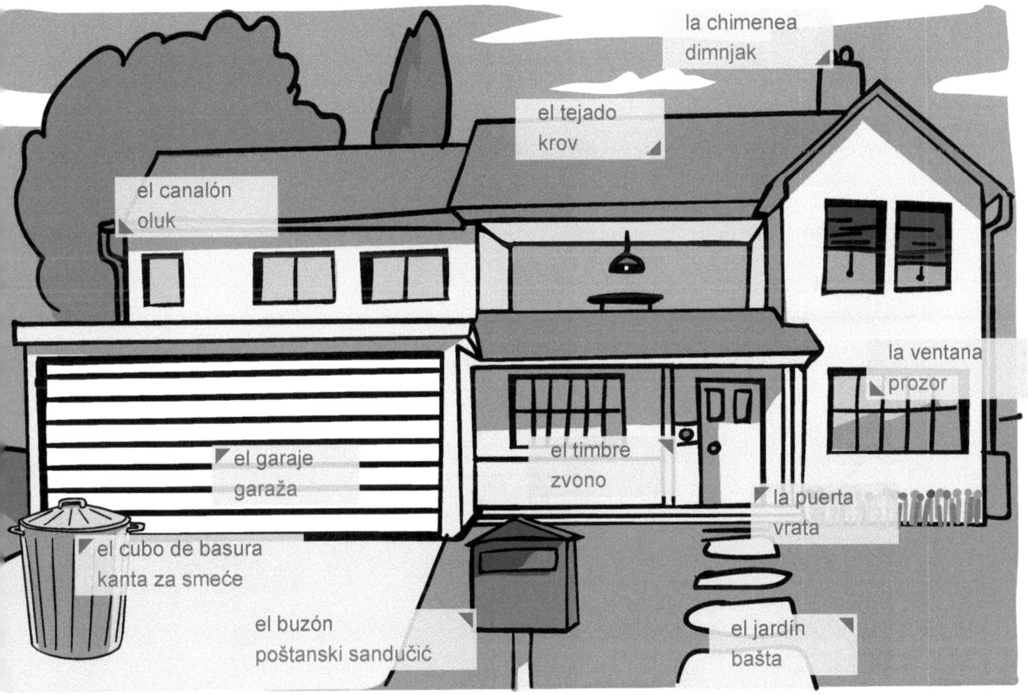

la chimenea
dimnjak
el tejado
krov
el canalón
oluk
la ventana
prozor
el garaje
garaža
el timbre
zvono
la puerta
vrata
el cubo de basura
kanta za smeće
el buzón
poštanski sandučić
el jardín
bašta

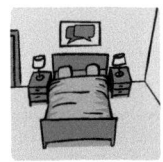

la sala

dnevni boravak

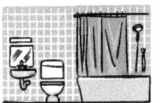

el cuarto de baño

kupatilo

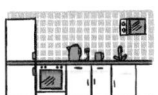

la cocina

kuhinja

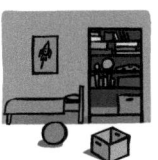

el dormitorio

spavaća soba

la habitación de los niños

dječija soba

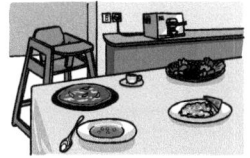

el comedor

trpezarija

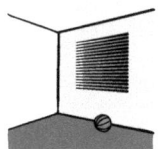

el suelo

pod, tlo

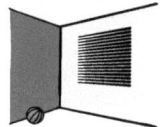

la pared

zid

el techo

plafon

el sótano

podrum

la sauna

sauna

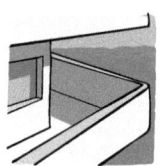

el balcón

balkon

la terraza

terasa

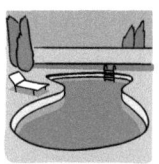

la piscina

bazen

el cortacésped

kosilica

la sábana

posteljina

la colcha

pokrivač

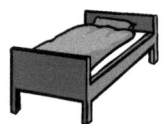

la cama

krevet

la escoba

metla

el balde

kanta

el interruptor

prekidač

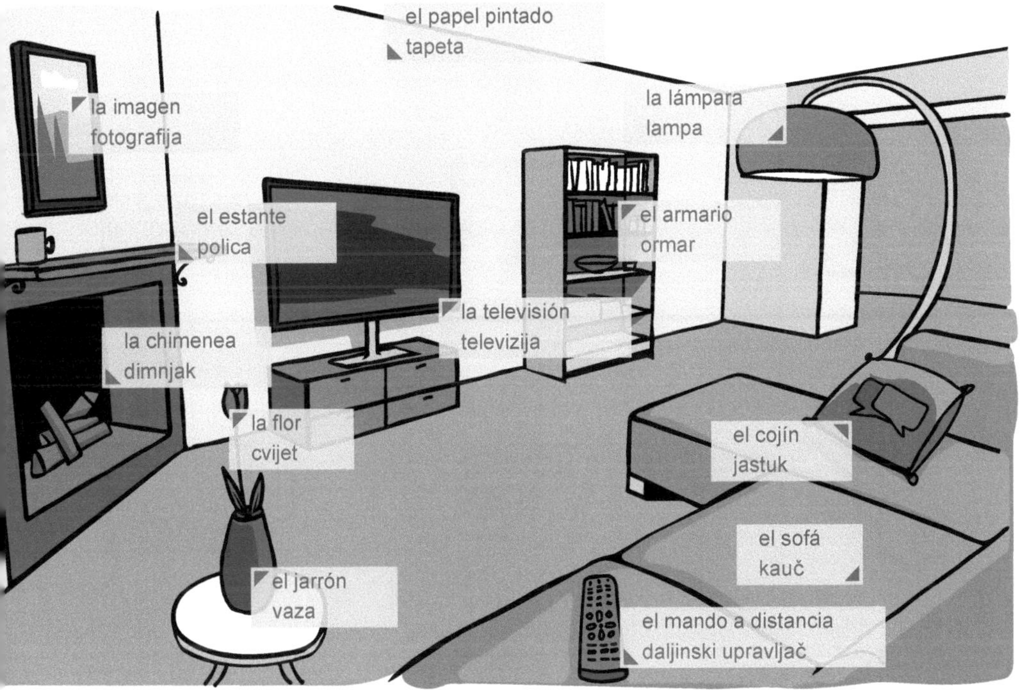

el papel pintado
tapeta

la imagen
fotografija

la lámpara
lampa

el estante
polica

el armario
ormar

la chimenea
dimnjak

la televisión
televizija

la flor
cvijet

el cojín
jastuk

el sofá
kauč

el jarrón
vaza

el mando a distancia
daljinski upravljač

	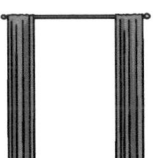	
la alfombra	la cortina	la mesa
tepih	zavjesa	stol

la silla	el mecedora	la butaca
stolica	stolica za ljuljanje	fotelja

el libro

knjiga

la manta

deka

la decoración

dekoracija

la leña

ložno drvo

la película

film

el equipo de música

stereo uređaj

la llave

ključ

el periódico

novine

la pintura

umjetnička slika

el póster

poster

la radio

radio

el cuaderno

blok za bilješke

la aspiradora

usisavač

el cactus

kaktus

la vela

svijeća

la cocina
kuhinja

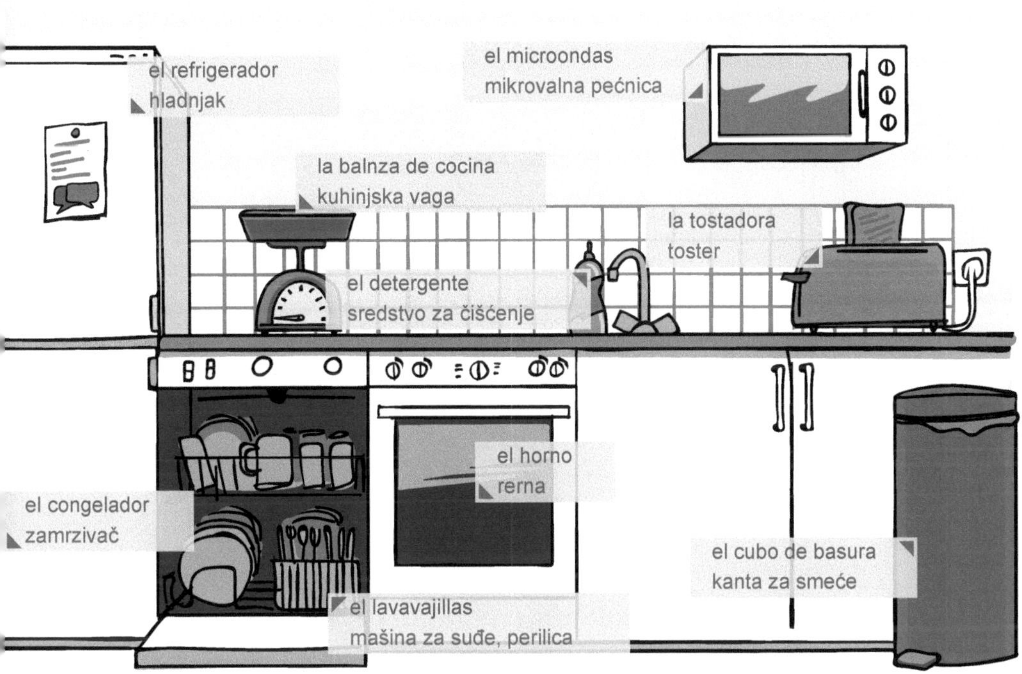

el refrigerador
hladnjak
el microondas
mikrovalna pećnica
la balnza de cocina
kuhinjska vaga
la tostadora
toster
el detergente
sredstvo za čišćenje
el horno
rerna
el congelador
zamrzivač
el cubo de basura
kanta za smeće
el lavavajillas
mašina za suđe, perilica

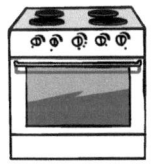

la olla a presión

peć

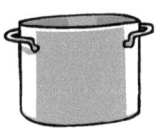

la olla

lonac

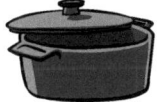

la olla de hierro fundido

metalni lonac

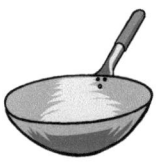

el wok

vok / kadai

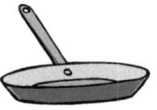

la cazuela

tava, tiganj

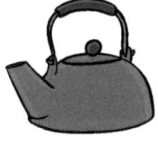

el hervidor

kuhalo

la vaporera

aparat za kuhanje na pari

la chapa de horno

lim za pečenje

la vajilla

posuđe

la taza

šalica

el tazón

činija

los palillos

kineski štapići

el cucharón

kutlača

la espumadera

lopatica

el batidor

metlica za snijeg bjelanjca

el colador

sito za kuhanje

el cedazo

sito

el rallador

ribež

el mortero

avan s tučkom

la barbacoa

roštilj

la hoguera

ložište

la tabla de picar

daska

el rodillo

oklagija

el sacacorchos

vadičep

la lata

konzerva

el abrelatas

otvarač za konzerve

el agarrador

krpe za lonac

el lavabo

sudoper

el cepillo

četka

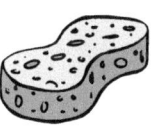

la esponja

spužva

la batidora

mikser

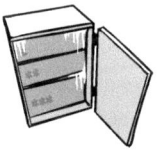

el congelador

zamrzivač

el biberón

flašica za bebu

el grifo

slavina

el cuarto de baño
kupatilo

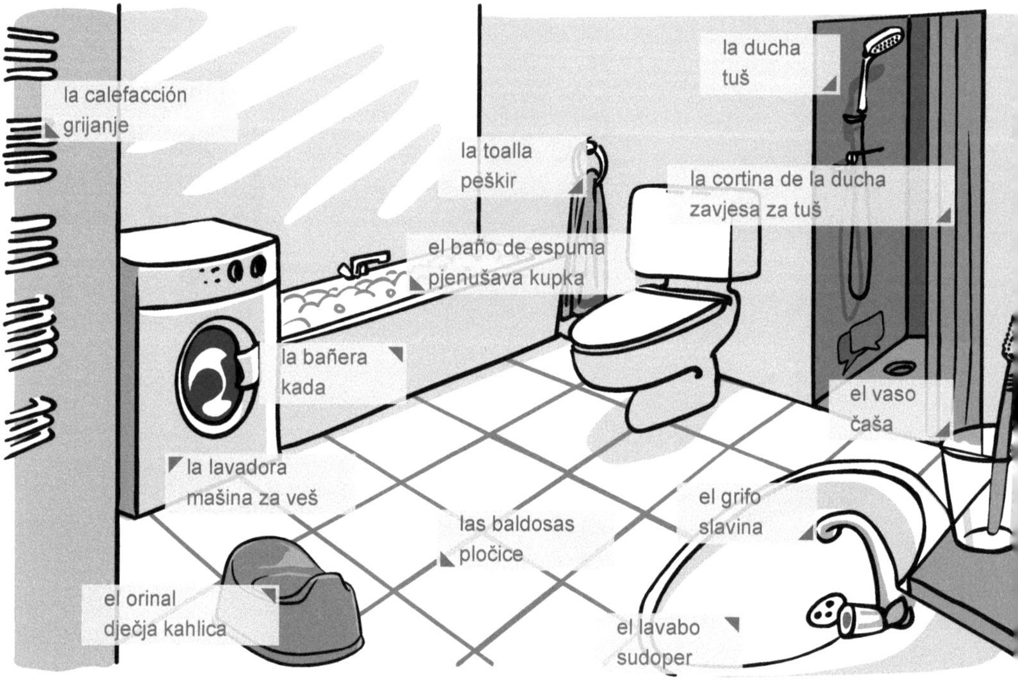

la ducha
tuš

la calefacción
grijanje

la toalla
peškir

la cortina de la ducha
zavjesa za tuš

el baño de espuma
pjenušava kupka

la bañera
kada

el vaso
čaša

la lavadora
mašina za veš

el grifo
slavina

las baldosas
pločice

el orinal
dječja kahlica

el lavabo
sudoper

el inodoro
toalet

el inodoro rústico
čučavac

el bidé
bide

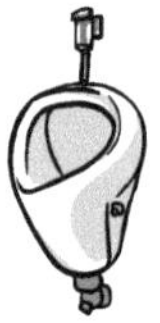

el urinario
pisoar

el papel higiénico
toalet papir

la escobilla del váter
četka za wc

el cepillo de dientes

četkica za zube

la pasta de dientes

pasta za zube

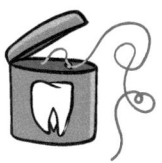

el hilo dental

zubni konac

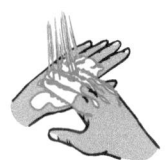

lavar

prati

la ducha de mano

tuš

la ducha íntima

intimni tuš

la pila

lavor

el cepillo de espalda

četka za leđa

el jabón

sapun

el gel de ducha

gel za tuširanje

el champú

šampon

la toallita

krpe za pranje

el desagüe

odvod

la crema

krema

el desodorante

dezodorans

el espejo

ogledalo

el espejo de tocador

ogledalo za šminkanje

la maquinilla de afeitar

brijač

la espuma de afeitar

pjena za brijanje

la loción postafeitado

vodica poslije brijanja

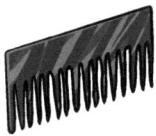

el peine

češalj

el cepillo

četka

el secador

fen

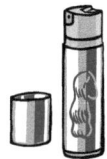

la laca

sprej za kosu

el maquillaje

puder

el pintalabios

karmin

el pintauñas

lak za nokte

el algodón

vata

el cortauñas

makazice za nokte

el perfume

parfem

el estuche de viaje

kozmetička torbica

la banqueta

hoklica

la balanza

vaga

el albornoz

kupaći ogrtač

los guantes de goma

rukavice za čišćenje

el tampón

tampon

la compresa

uložak za dame

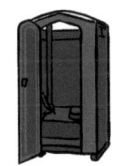

el inodoro químico

hemijski toalet

la habitación de los niños

dječija soba

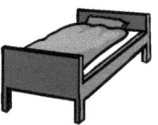

el despertador
budilnik
el peluche
plišana igračka
el coche de juguete
auto za igru
el sonajero
zvečka
la casa de muñecas
kućica za lutke
el regalo
poklon

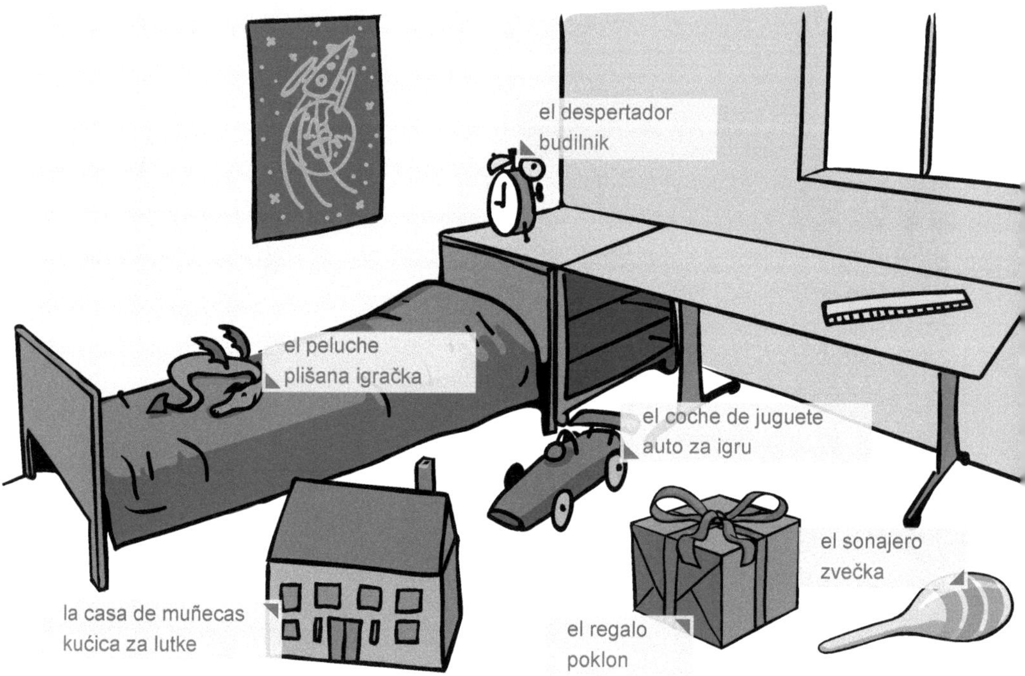

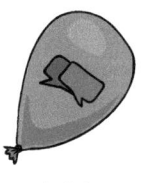

el globo

balon

la cama

krevet

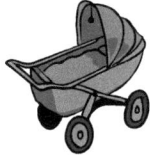

el coche de niño

kolica za djecu

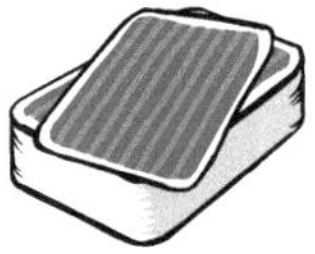

los naipes

karte za igranje

el puzle

puzle

SUPER
MEGA

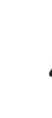

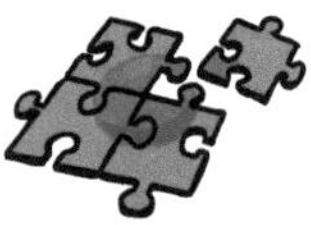

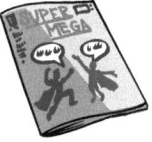

el tebeo

strip

las piezas de lego
lego kockice

los bloques de juguete
kockice za gradnju

la figura de acción
akcione figure

el bodi (de bebé)
benkica

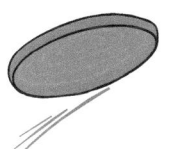
el frisbee
frizbi

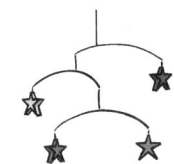
el colgador móvil para bebés
mobile

el juego de mesa
igra na ploči

los dados
kocka

el circuito de tren eléctrico
miniatura željeznice

el maniquí
cucla

la fiesta
zabava

el álbum de fotos
slikovnica

la pelota
lopta

la muñeca
lutka

jugar
igrati

el cajón de arena

pješćanik

el columpio

ljuljačka

los juguetes

igračke

la videoconsola

konzola za igru

el triciclo

triciklo

el oso de peluche

medvjedić

la guardarropa

ormar

la ropa
odjeća

los calcetines

kratke čarape

las medias

čarape

los leotardos

hulahopke

la bufanda
šal

el cinturón
kaiš

el paraguas
kišobran

la camiseta
majica kratkih rukava

las botas
čizme

las zapatillas
papuče

las deportivas
patike

las sandalias
sandale

los zapatos
cipele

las botas de goma
gumene čizme

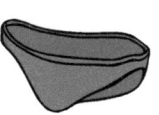
el slip
gaće

el sostén
grudnjak

el chaleco
potkošulja

la ropa - odjeća

el bodi

bodi

los pantalones cortos

hlače

los vaqueros

farmerke

la falda

suknja

la blusa

bluza

la camisa

košulja

el jersey

džemper

el suéter

majica

el blazer

sako

la chaqueta

jakna

el abrigo

mantil

la gabardina

kišni mantil

el traje

kostim

el vestido

haljina

el vestido de novia

vjenčanica

el traje

odijelo

el camisón

spavaćica

el pijama

pidžama

el sati

sari

el bandana

marama

el turbante

turban

la burka

burka

el caftán

kaftan

la abaya

abaja

el traje de baño

kupaći kostim

el bañador

kupaće gaće

los pantalones cortos

kratke hlače

el chándal

trenerka

el delantal

pregača

los guantes

rukavice

el botón

dugme

las gafas

naočare

el brazalete

narukvica

el collar

ogrlica

el anillo

prsten

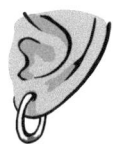

el pendiente

naušnica

la gorra

kapa

la percha

vješalica

el sombrero

šešir

la corbata

kravata

la cremallera

patentni zatvarač

el casco

kaciga

los tirantes

tregeri za hlače

el uniforme

školska uniforma

el uniforme

uniforma

el babero

podbradak

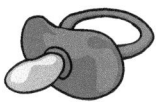

el maniquí

cucla

el pañal

pelene

la oficina
ured

el servidor
server

el archivo
ormar za kartoteku

la impresora
štampač

el monitor
monitor

el papel
papir

el escritoria
pisaći sto

el ratón
miš

la carpeta
registrator

el teclado
tastatura

la papelera
korpa za papir

el ordenador
kompjuter

la silla
stolica

la taza de café

šolja za kafu

la calculadora

kalkulator

el internet

internet

la oficina - ured

49

el portátil

laptop

la carta

pismo

el mensaje

poruka

el móvil

mobilni telefon

la red

mreža

la fotocopiadora

aparat za kopiranje

el software

softver

el teléfono

telefon

la toma de corriente

utičnica

el fax

faks

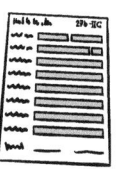

el formulario

formular

el documento

dokument

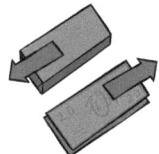

comprar

kupovati

pagar

platiti

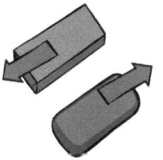

comerciar

trgovati

el dinero

novac

el dólar

dolar

el euro

euro

el yen

jen

el rublo

rublja

el franco suizo

franak

el renminbi yuan

renminbi jen

la rupia

rupi

el cajero automático

bankomat

la oficina de cambio de divisas
mjenjačnica

el oro
zlato

la plata
srebro

el petróleo
nafta

la energía
energija

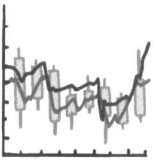

el precio
cijena

el contrato
ugovor

el impuesto
porez

la acción
akcija

trabajar
raditi

el empleador
službenik

el empleador
poslodavac

la fábrica
fabrika

la tienda de campaña
radnja

los oficios
zanimanja

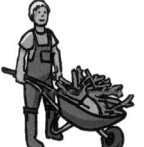

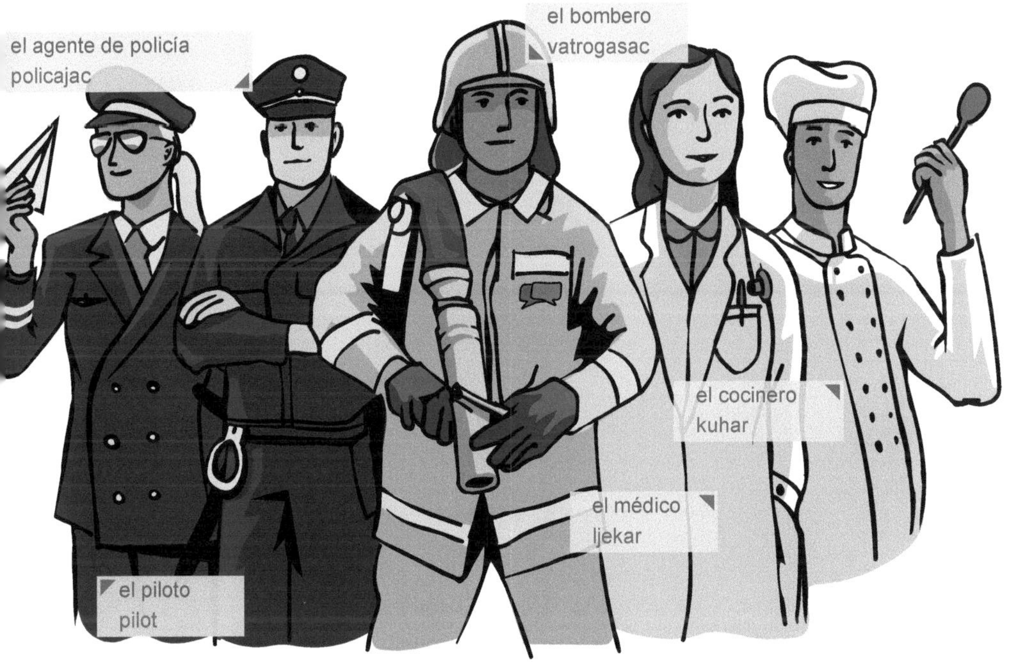
el agente de policía
policajac
el bombero
vatrogasac
el cocinero
kuhar
el médico
ljekar
el piloto
pilot

el jardinero

baštovan

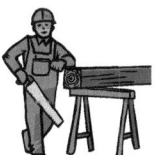

el carpintero

stolar

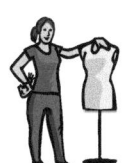

la costurera

krojačica

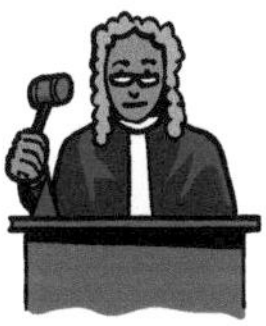

el juez

sudija

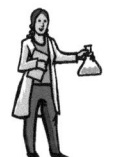

el farmacéutico

hemičar

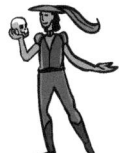

el actor

glumac

el conductor de autobús

vozač autobusa

el taxista

vozač taksija

el pescador

ribar

la señora de la limpieza

čistačica

el techador

krovopokrivač

el camarero

konobar

el cazador

lovac

el pintor

moler

el panadero

pekar

el electricista

električar

el obrero

građevinski radnik

el ingeniero

inženjer

el carnicero

koljač

el fontanero

limar, vodoinstalater

el cartero

poštar

el soldado

vojnik

el arquitecto

arhitekta

el cajero

blagajnik

el florista

cvjećar

el peluquero

frizer

el revisor

kontrolor

el mecánico

mehaničar

el capitán

kapiten

el dentista

zubar

el científico

naučnik

el rabino

rabin

el imán

imam

el monje

monah

el sacerdote

sveštenik

las herramientas

alat

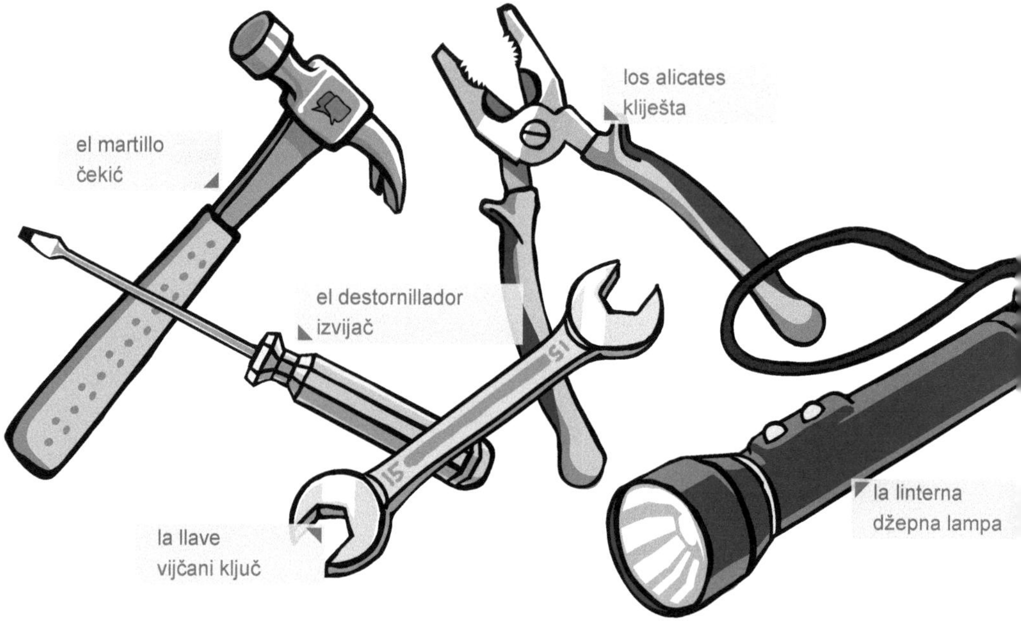

los alicates
kliješta
el martillo
čekić
el destornillador
izvijač
la linterna
džepna lampa
la llave
vijčani ključ

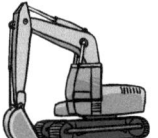

la excavadora

bager

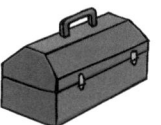

la caja de herramientas

kutija sa alatom

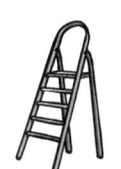

la escalera de mano

ljestve

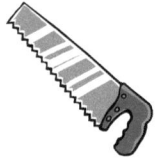

la sierra

testera, pila

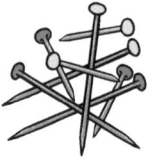

los clavos

ekser

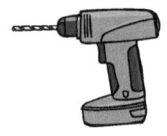

el taladro

bušilica

reparar

popraviti

la pala

lopata

¡Maldita sea!

sranje!

el recogedor

lopatica

el bote de pintura

kanta boje

los tornillos

vijak

los instrumentos musicales
muzički instrumenti

el altavoz
zvučnik

la batería
bubnjevi

la guitarra
gitara

el contrabajo
kontrabas

la trompeta
truba

el piano

klavir

el violín

violina

bajo

bas

los timbales

bubanj timpani

el tambor

bubanj

el teclado

sintisajzer

el saxofón

saksofon

la flauta

flauta

el micrófono

mikrofon

los instrumentos musicales - muzički instrumenti

el zoo
zološki vrt

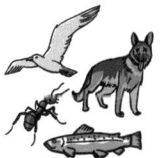

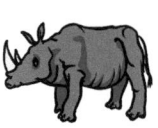

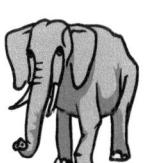

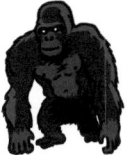

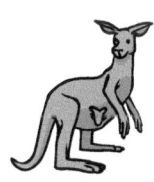

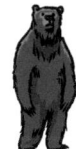

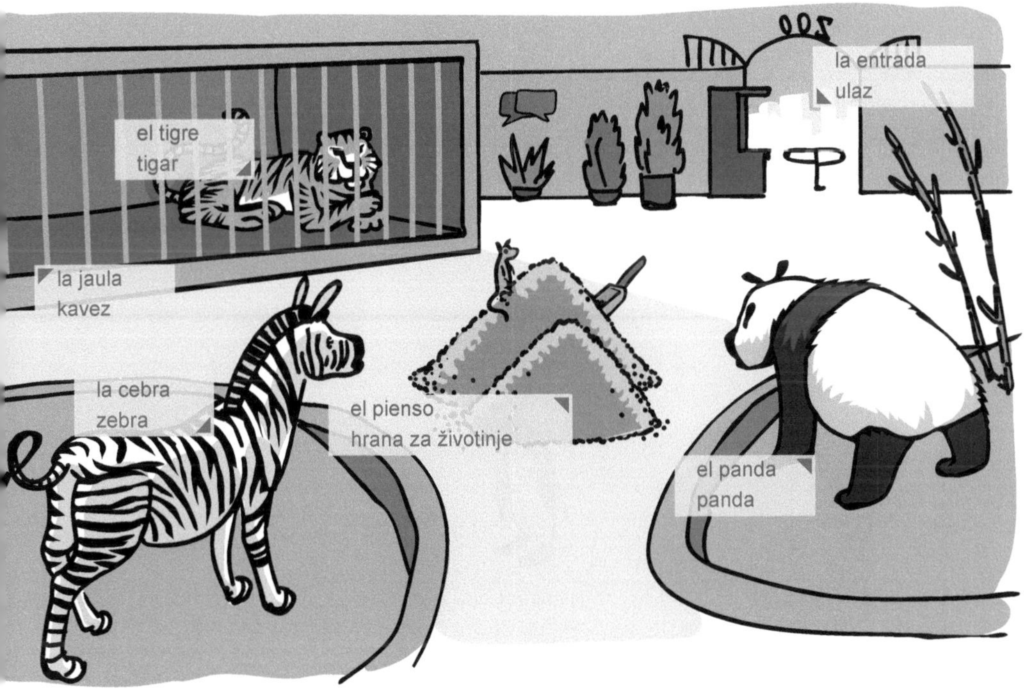
la entrada
ulaz
el tigre
tigar
la jaula
kavez
la cebra
zebra
el pienso
hrana za životinje
el panda
panda

los animales

životinje

el elefante

slon

el canguro

kengur

el rinoceronte

nosorog

el gorila

gorila

el oso

medvjed

el camello

kamila

el avestruz

noj

el león

lav

el mono

majmun

el flamingo

flamingo

el loro

papagaj

el oso polar

polarni medvjed

el pingüino

pingvin

el tiburón

morski pas

el pavo real

paun

la serpiente

zmija

el cocodrilo

krokodil

el guardián de zoológico

čuvar u zoološkom vrtu

la foca

tuljan

el jaguar

jaguar

el poni

poni

el leopardo

leopard

el hipopótamo

nilski konj

la jirafa

žirafa

el águila

orao

el jabalí

divlja svinja

el pescado

riba

la tortuga

kornjača

la morsa

morž

el zorro

lisica

la gacela

gazela

los deportes
sport

el fútbol americano
američki fudbal

el ciclismo
vožnja bicikla

el tenis
tenis

el baloncesto
košarka

la natación
plivanje

el boxeo
boks

el hockey sobre hielo
hokej na ledu

el fútbol
fudbal

el bádminton
bedminton

el atletismo
laka atletika

el balonmano
rukomet

el esquí
skijanje

el polo
polo

las actividades
aktivnosti

saltar
skakati
abrazar
zagrliti
reír
smijati se
caminar
ići
cantar
pjevati
soñar
sanjati
rezar
moliti
besar
ljubiti

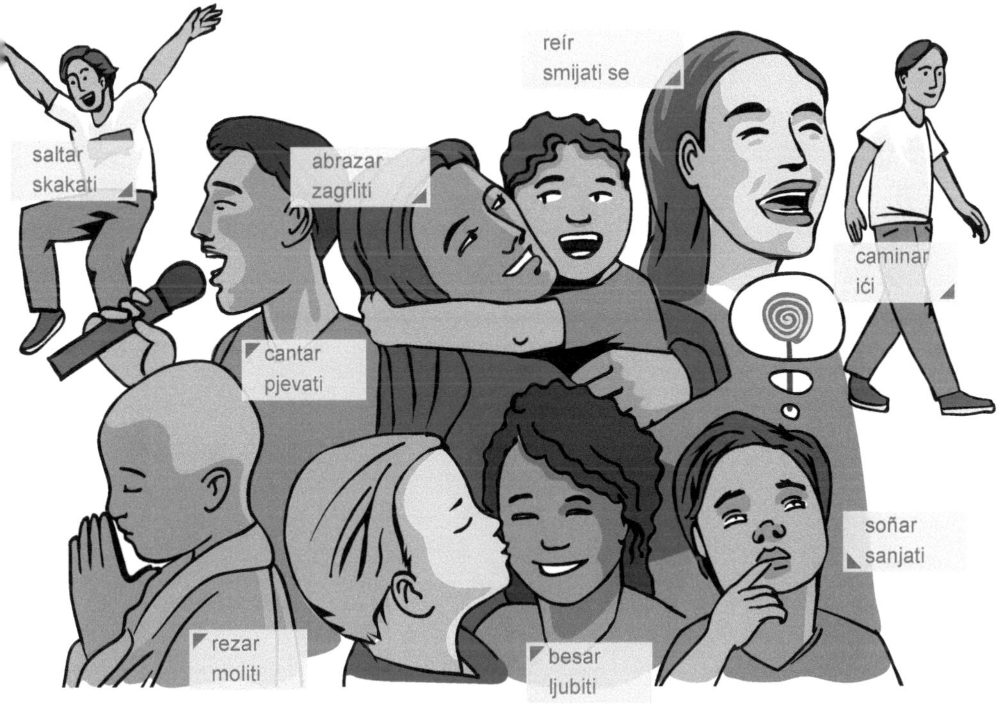

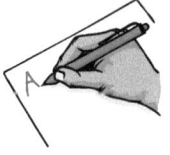

escribir
pisati

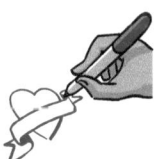

dibujar
crtati

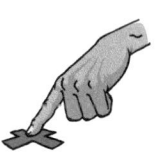

mostrar
pokazati

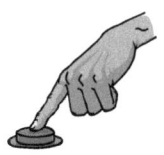

empujar
gurati

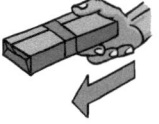

dar
dati

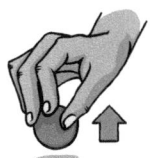

tomar
uzeti

tener	hacer	ser
imati	raditi	biti

estar de pie	correr	tirar
stajati	trčati	vući

tirar	caer	yacer
baciti	pasti	ležati

esperar	llevar	estar sentado
čekati	nositi	sjediti

vestirse	dormir	despertar
obući	spavati	probuditi

mirar

pogledati

llorar

plakati

acariciar

milovati

peinar

češljati

hablar

govoriti

entender

razumjeti

preguntar

pitati

escuchar

slušati

beber

piti

comer

jesti

ordenar

pospremiti

amar

voljeti

cocinar

kuhati

conducir

voziti

volar

letjeti

navegar

jedriti

calcular

računati

leer

čitati

aprender

učiti

trabajar

raditi

casarse

vjenčavti

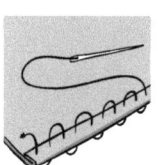

coser

šiti

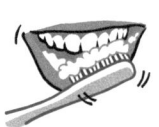

cepillarse los dientes

prati zube

matar

ubiti

fumar

pušiti

enviar

slati

las actividades - aktivnosti

la familia
porodica

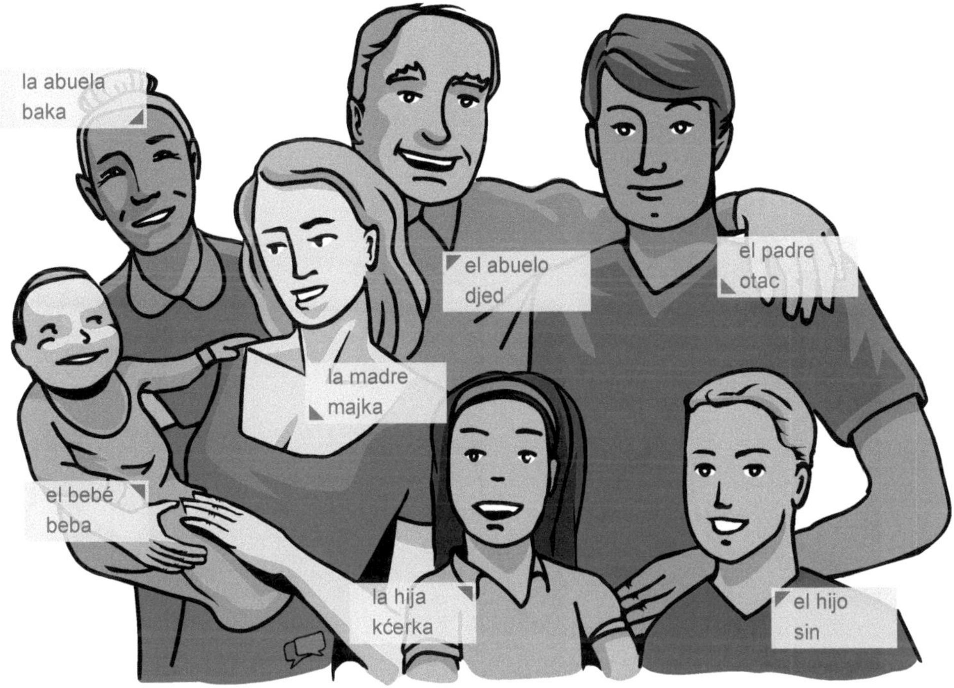

la abuela
baka
el abuelo
djed
el padre
otac
la madre
majka
el bebé
beba
la hija
kćerka
el hijo
sin

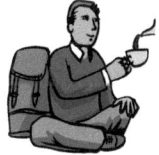

el invitado
gost

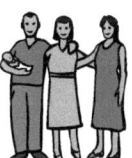

la tía
ujna, tetka, strina

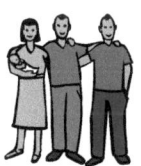

el tío
ujak, tetak, stric

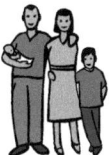

el hermano
brat

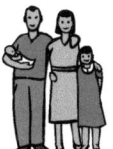

la hermana
sestra

el cuerpo
tijelo

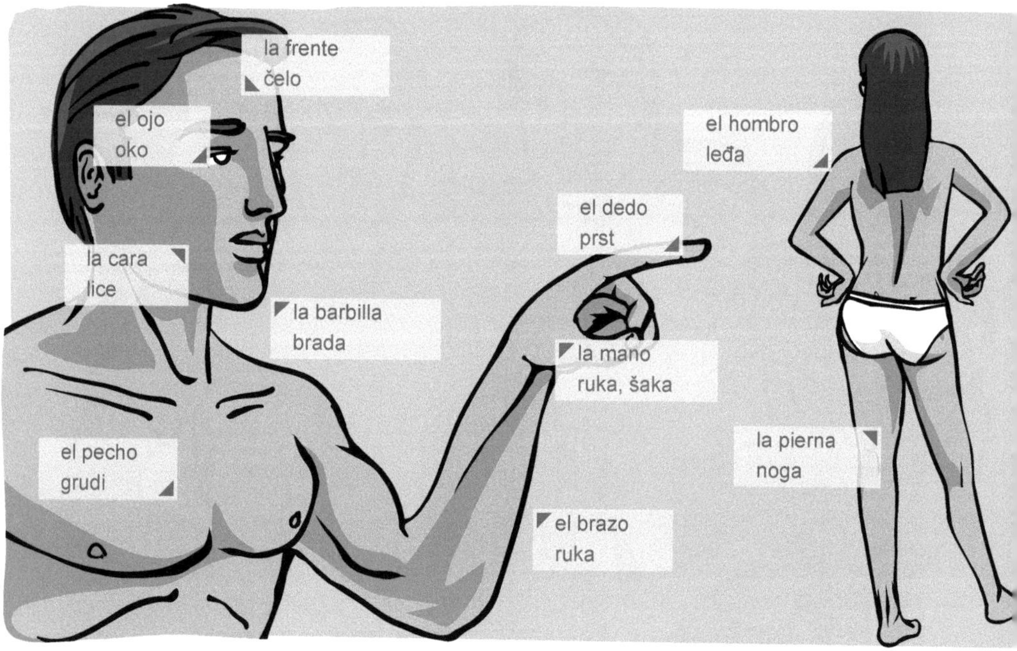

la frente
čelo

el ojo
oko

la cara
lice

la barbilla
brada

el pecho
grudi

el hombro
leđa

el dedo
prst

la mano
ruka, šaka

la pierna
noga

el brazo
ruka

el bebé
beba

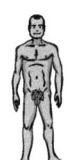

el hombre
muškarac

la mujer
žena

la chica
djevojčica

el chico
dječak

la cabeza
glava

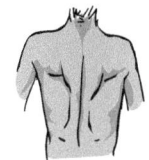

la espalda

leđa

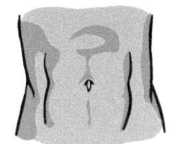

el vientre

stomak

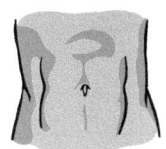

el ombligo

pupak

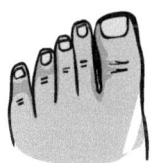

el dedo del pie

nožni prst

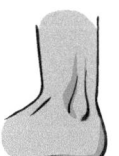

el talón

peta

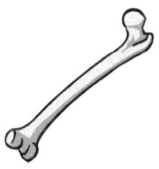

el hueso

kosti

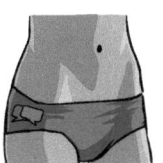

la cadera

kuk

la rodilla

koljeno

el codo

lakat

la nariz

nos

el trasero

stražnjica

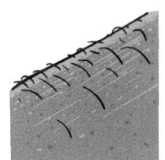

la piel

koža

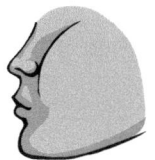

la mejilla

obraz

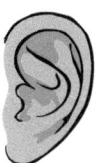

el oído

uho

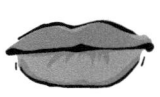

el labio

usna

	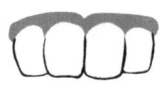	
la boca	el diente	la lengua
usta	zub	jezik
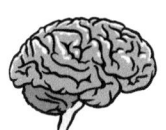	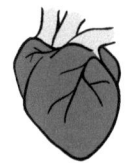	
el cerebro	el corazón	el músculo
mozak	srce	mišić
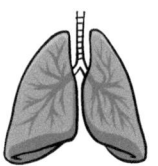		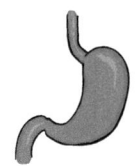
el pulmón	el hígado	el estómago
pluća	jetra	želudac
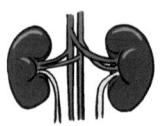		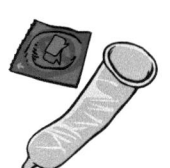
los riñones	el sexo	el condón
bubreg	spolni odnos	kondom
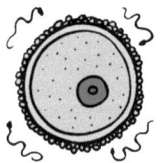		
el ovario	el semen	el embarazo
jajna ćelija	sperma	trudnoća

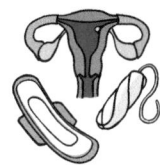

la menstruación

menstruacija

la vagina

vagina

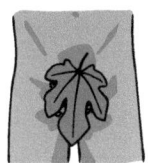

el pene

penis

la ceja

obrva

el pelo

kosa

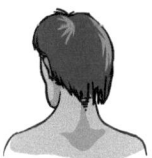

el cuello

vrat

el hospital
bolnica

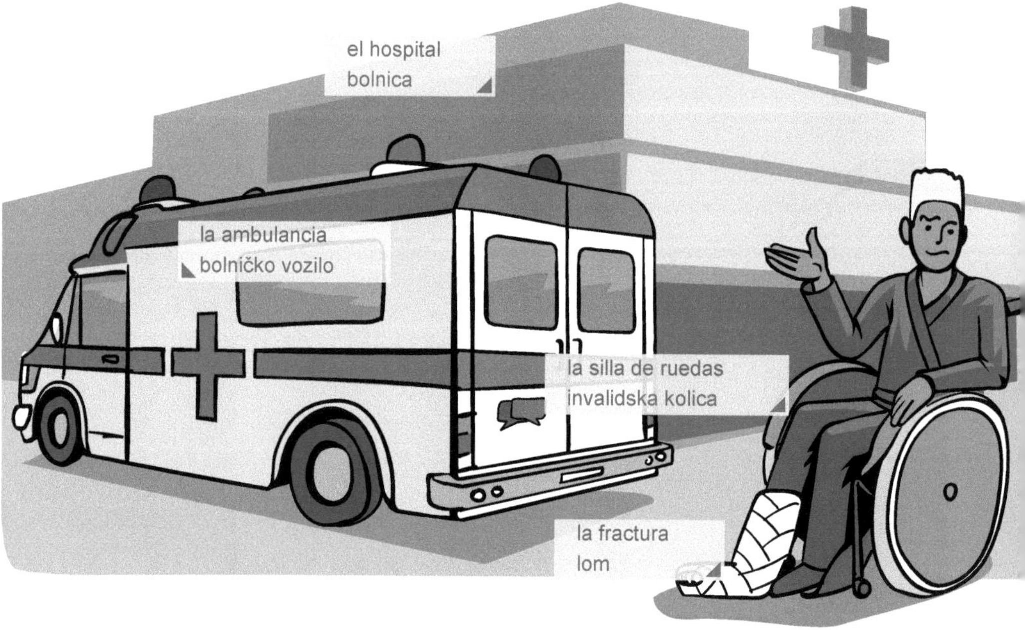

el hospital
bolnica

la ambulancia
bolničko vozilo

la silla de ruedas
invalidska kolica

la fractura
lom

el médico

ljekar

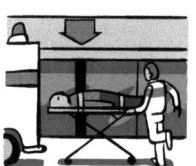

la sala de urgencias

hitna služba

la enfermera

medicinska sestra

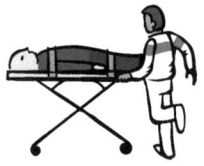

la urgencia

hitna pomoć

inconsciente

nesvjest

el dolor

bol

la lesión

povreda

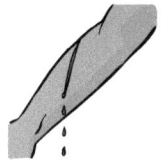

la hemorragia

krvarenje

el infarto

srčani udar, infarkt

el ictus

moždani udar

la alergia

alergija

la tos

kašalj

la fiebre

groznica

la gripe

gripa

la diarrea

proljev

el dolor de cabeza

glavobolja

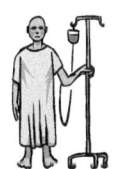

el cáncer

rak

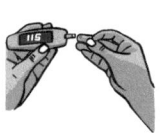

la diabetes

dijabetes

el cirujano

hirurg

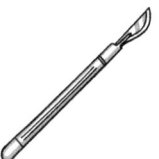

el bisturí

skalpel

la operación

operacija

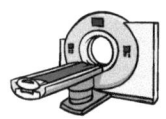
TAC
CT

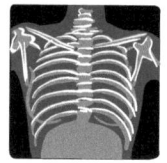
los rayos x
rendgen

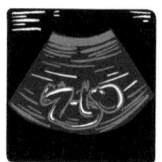
el ultrasonido
ultrazvuk

la mascarilla
maska

la enfermedad
bolest

la sala de espera
čekaonica

la muleta
štake

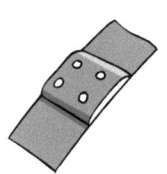
la tirita
flaster

la venda
zavoj

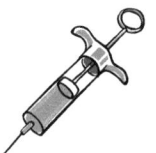
la inyección
injekcija

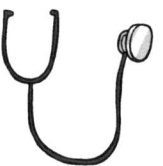
el estetoscopio
stetoskop

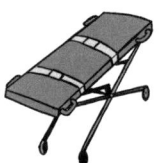
la camilla
nosilo

el termómetro
termometar

el nacimiento
porod

el sobrepeso
prekomjerna težina, debljina

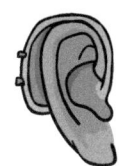

el audífono

slušni aparat

el desinfectante

sredstvo za dezinfekciju

la infección

infekcija

el virus

virus

VIH / SIDA

HIV/ AIDS

la medicina

medicina

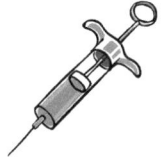

la vacunación

vakcinacija

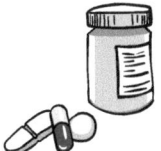

las tabletas

tablete

la pastilla

pilula

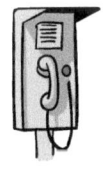

la llamada de urgencia

hitni poziv

el tensiómetro

aparat za mjerenje pritiska

enfermo / sano

bolestan / zdrav

¡Socorro!

Upomoć!

la alarma

alarm

el asalto

napad, prepad

el ataque

napad

el peligro

opasnost

la salida de emergencia

izlaz u slučaju opasnosti

¡Fuego!

Požar!

el extintor de incendios

vatrogasni aparat

el accidente

nezgoda

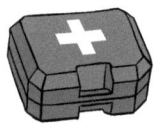

el botiquín de primeros
auxilios

torba prve pomoći

SOS

SOS

la policía

policija

Europa

Europa

Norteamérica

Sjeverna Amerika

Sudamérica

Južna Amerika

África

Afrika

Asia

Azija

Australia

Australija

el atlántico

Atlantik

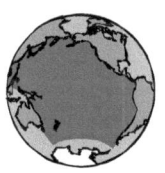

el Pacífico

Pacifik

el Océano Índico

Indijski okean

el Océano Antártico

Antarktički okean

el Océano Ártico

Arktički okean

el polo norte

Sjeverni pol

el polo sur

Južni pol

La Antártida

Antarktik

la tierra

Zemlja

la tierra

zemlja

el mar

more

la isla

ostrvo

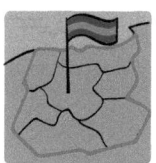

la nación

nacija

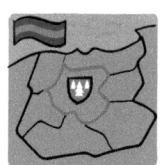

el estado

država

la esfera

brojčanik sata

la manecilla de las horas

kazaljka sata

el minutero

kazaljka minute

el segundero

kazaljka sekunde

¿Qué hora es?

Koliko je sati?

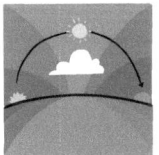

el día

dan

el tiempo

vrijeme

ahora

sada

el reloj digital

digitalni sat

el minuto

minuta

la hora

sat

la semana

sedmica, nedjelja

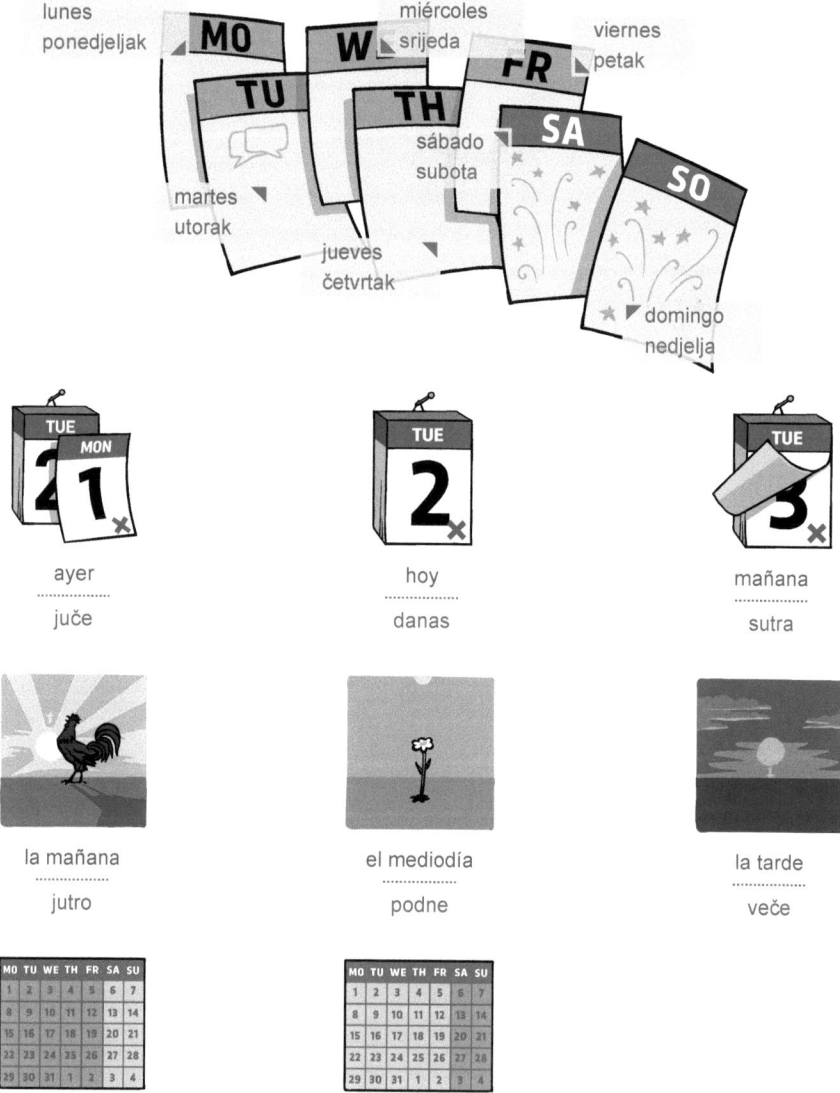

lunes
ponedjeljak

MO

TU

W — miércoles
srijeda

TH

FR — viernes
petak

SA

SO

sábado
subota

martes
utorak

jueves
četvrtak

domingo
nedjelja

ayer
juče

hoy
danas

mañana
sutra

la mañana
jutro

el mediodía
podne

la tarde
veče

los días laborables
radni dani

el fin de semana
vikend

80

la semana - sedmica, nedjelja

el año
godina

la lluvia
kiša
el arcoíris
duga
la nieve
snijeg
el viento
vjetar
la primavera
proljeće
el otoño
jesen
el verano
ljeto
el invierno
zima

4.APRIL 11°
5.APRIL 4°
6.APRIL 13°
7.APRIL 8°
8.APRIL 10°

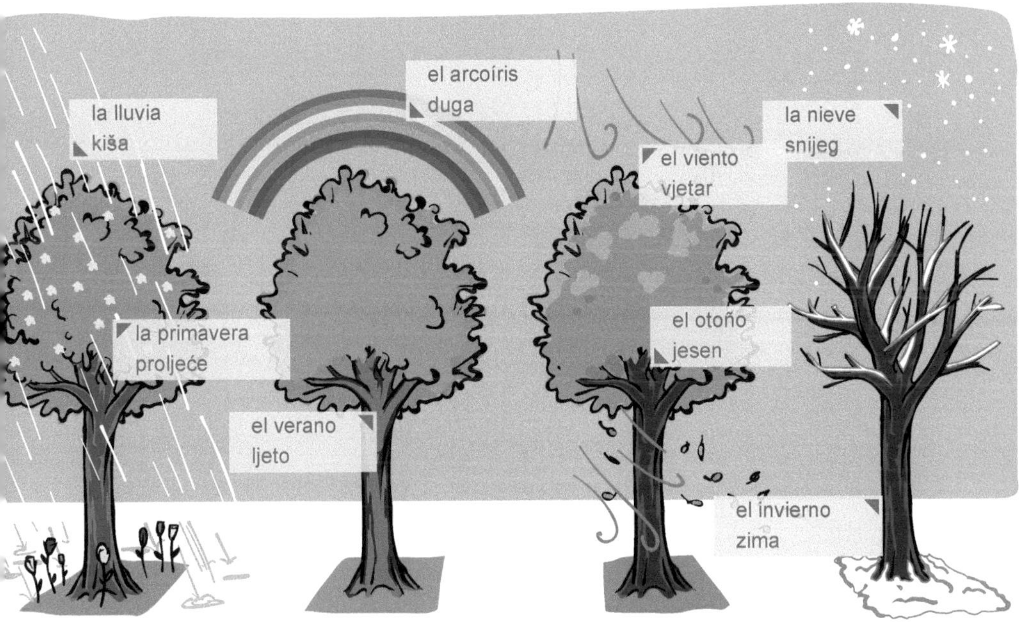

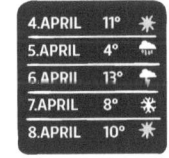

el pronóstico del tiempo

prognoza vremena

F C
120 40
90 30
60 20
30 10
0 0
-30 -10
-20

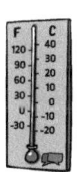

el termómetro

termometar

el sol

sunčev sjaj

la nube

oblak

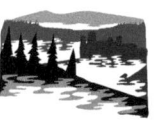

la niebla

magla

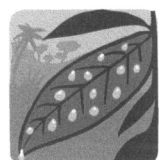

la humedad

vlažnost vazduha

el rayo
munja

el trueno
grom

la tormenta
oluja

el granizo
tuča, led

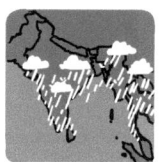

el monzón
monsun

la inundación
poplava

el hielo
led

enero
januar

febrero
februar

marzo
mart

abril
april

mayo
maj

junio
juni

julio
juli

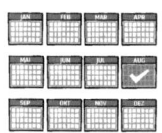

agosto
avgust

el año - godina

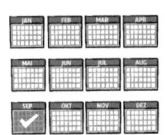

septiembre

septembar

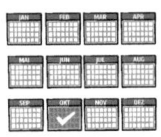

octubre

oktobar

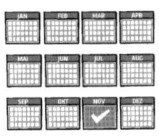

noviembre

novembar

diciembre

decembar

las formas

oblici

el círculo

krug

el cuadrado

kvadrat

el rectángulo

pravougao

el triángulo

trougao

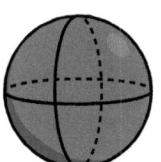

la esfera

kugla

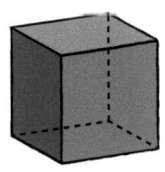

el cubo

kocka

blanco

bjel

amarillo

žut

anaranjado

narandžast

rosa

pink

rojo

crven

morado

ljubičast

azul

plav

verde

zelen

marrón

smeđ

gris

siv

negro

crn

mucho / poco

malo / mnogo

enojado / tranquilo

ljutit / miran

bonito / feo

lijep / ružan

principio / fin

početak / kraj

grande / pequeño

veliki / mali

claro / oscuro

svijetlo / tamno

el hermano / la hermana

brat / sestra

limpio / sucio

čist / prljav

completo / incompleto

potpun / nepotpun

el día / la noche

dan / noć

muerto / vivo

mrtav / živ

ancho / estrecho

široko / usko

comestible / no comestible

ukusno / neukusno

malo / amable

zao / prijatan

entusiasmado / aburrido

uzbuđen / dosadan

gordo / delgado

debeo / mršav

primero / último

najprije / najkasnije

el amigo / el enemigo

prijatelj / neprijatelj

lleno / vacío

pun / prazan

duro / blando

trvd / mekan

pesado / ligero

težak / lagan

el hambre / la sed

glad / žeđ

enfermo / sano

bolestan / zdrav

ilegal / legal

ilegalan / legalan

inteligente / tonto

inteligentan / glup

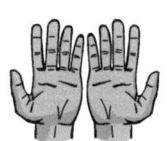

izquierda / derecha

lijevo / desno

cerca / lejos

blizu / daleko

los opuestos - suprotnosti

nuevo / usado

nov / polovan

nada / algo

ništa / nešto

viejo / joven

star / mlad

encendido / apagado

uključeno / isključeno

abierto / cerrado

otvoreno / zatvoreno

silencioso / ruidoso

tiho / glasno

rico / pobre

bogat / siromašan

correcto / incorrecto

tačno / pogrešno

áspero / suave

hrapav / glatak

triste / contento

tužan / srećan

corto / largo

kratak / dug

lento / rápido

spor / brz

húmedo / seco

mokro / suho

cálido / frío

toplo / hladno

guerra / paz

rat / mir

los números
brojevi

0
cero
nula

1
uno
jedan

2
dos
dva

3
tres
tri

4
cuatro
četiri

5
cinco
pet

6
seis
šest

7
siete
sedam

8
ocho
osam

9
nueve
devet

10
diez
deset

11
once
jedanaest

12

doce
dvanaest

13

trece
trinaest

14

catorce
četrnaest

15

quince
petnaest

16

dieciséis
šesnaest

17

diecisiete
sedamnaest

18

dieciocho
osamnaest

19

diecinueve
devetnaest

20

veinte
dvadeset

100

cien
sto

1.000

mil
hiljada

1.000.000

el millón
milion

los idiomas

jezici

el inglés

engleski

el inglés americano

americki engleski

el chino madarín

kinesko mandarinski

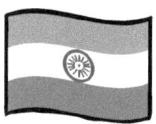

el hindi

hindi

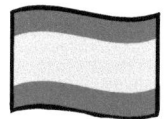

el español

španski

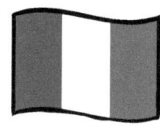

el francés

francuski

el árabe

arapski

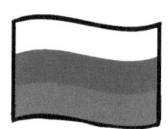

el ruso

ruski

el portugués

portugalski

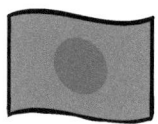

el bengalí

bengalski

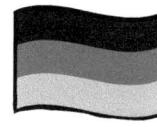

el alemán

njemacki

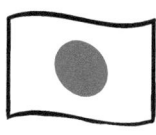

el japonés

japanski

yo

ja

tú

ti

él / ella / ello

on / ona / ono

nosotros/as

mi

vosotros/as

vi

ellos/as

oni

¿quién?

ko?

¿qué?

šta?

¿cómo?

kako?

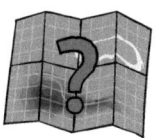

¿dónde?

gdje?

¿cuándo?

kada?

el nombre

ime

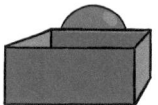

detrás

iza

en

u

delante de

pred

por encima de

iznad

sobre

na

debajo de

ispod

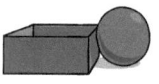

junto a

pored

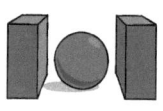

entre

između

el lugar

mjesto